AF258365

COMITÉ CENTRAL AGRICOLE

DE LA SOLOGNE

LA RÉFORME DE L'IMPOT FONCIER

SUR LA

PROPRIÉTÉ NON BATIE

RÉSULTANT DE LA LOI DU 29 MARS 1914.

SES EFFETS.

ALLOCUTION

PRONONCÉE PAR M. MAX. BOUCARD

à l'Assemblée générale du Comité du 11 mai 1914

ORLÉANS

IMPRIMERIE AUGUSTE GOUT ET Cie

37-39, rue du Bourdon-Blanc

1914

COMITÉ CENTRAL AGRICOLE

DE LA SOLOGNE

LA RÉFORME DE L'IMPOT FONCIER

SUR LA

PROPRIÉTÉ NON BATIE

RÉSULTANT DE LA LOI DU 29 MARS 1914.

SES EFFETS.

ALLOCUTION

PRONONCÉE PAR M. MAX. BOUCARD

à l'Assemblée générale du Comité du 11 mai 1914

ORLÉANS

IMPRIMERIE AUGUSTE GOUT ET Cⁱᵉ

37-39, rue du Bourdon-Blanc

—

1914

COMITÉ CENTRAL AGRICOLE DE LA SOLOGNE

ALLOCUTION

Du Président M. Max. BOUCARD

Prononcée à l'Assemblée générale du 11 mai 1914

Mes chers Collègues,

Les ensemencements d'automne ont pu se faire d'une manière satisfaisante, les grandes pluies de l'hiver n'étant venues qu'au moment où les derniers travaux se terminaient.

Le bel aspect des grains a persisté malgré le très mauvais temps du mois de mars et aujourd'hui nous pouvons espérer une récolte abondante, si la floraison se fait dans de bonnes conditions. Il n'y a d'exception que dans les terres humides et non drainées que les mauvaises herbes ont envahies au mois de décembre.

Durant tout le mois de mars où les pluies ont été incessantes, il a été impossible de commencer les emblavures de printemps, les terres étant saturées d'eau ; ce n'est que dans la seconde semaine d'avril que l'état des terres a permis de semer, mais alors a commencé une période de trois semaines de sécheresse qui a singulièrement retardé la levée des grains.

Ces longs retards seront préjudiciables au résultat final.

La sécheresse qui a nui à la levée des grains de printemps a aussi gêné la pousse des foins et des fourrages, toutefois rien n'est encore compromis.

Actuellement, la situation des vignobles de Sologne se présente bien. Mais en plus de la température, la vigne a bien des dangers à redouter, et il est indispensable d'appliquer les

traitements concernant les maladies cryptogamiques préventive-
ment. On ne saurait trop répéter qu'il est trop tard lorsque
le mal est déclaré, lorsqu'il est visible ; c'est dès maintenant
qu'il faut traiter. Et il faut recommencer sans cesse, durant
les mois de mai et juin et dans la première quinzaine de juillet.
Vous vous rappelez que la Commission des concours de viticul-
ture a chaque année l'occasion de constater que les plus
belles récoltes appartiennent à ceux qui ont traité les premiers
et qui ont traité le plus souvent.

L'hiver, bien que rigoureux, n'a point atteint nos essences
résineuses, les plantations se sont très bien faites et la sécheresse du mois d'avril ne les a pas éprouvées ; d'autre part, le
blanc du chêne ne s'est guère manifesté encore, grâce à l'ab-
sence d'humidité au moment de la pousse, mais nul ne saurait
dire que le mal est en décroissance, il faut laisser passer les
mois d'été pour être fixé sur ce point.

En résumé, les apparences sont bonnes, mais nous sommes
encore trop loin des récoltes pour en prévoir les résultats.

Ainsi que l'a démontré la publication faite dans nos *Annales*
des derniers recensements, la population est en diminution
dans presque toutes les communes de Sologne, c'est un symp-
tôme très inquiétant pour l'avenir.

J'avais espéré que M. Souchon, un Solognot, professeur à
la Faculté de droit de Paris, qui s'est déjà fait entendre à la
Société des agriculteurs de France, viendrait aujourd'hui nous
parler de la main-d'œuvre agricole ; il en a malheureusement été
empêché au dernier moment, mais il m'a du moins fait la pro-
messe d'une conférence à l'une de nos prochaines réunions.
Nous serons très heureux d'entendre sa parole autorisée.

En attendant, nous ne devons pas perdre de vue cette question de la main-d'œuvre agricole, conséquence de la diminution de la natalité et surtout de l'abandon des campagnes par
la jeunesse masculine aussi bien que féminine qu'attirent les
séductions de la ville.

Comment retenir toute cette population qui ne veut plus travailler aux champs? Le moyen ne me semble pas facile à trouver et si nos efforts ne sont pas secondés par les pouvoirs publics, je crains que le problème ne soit insoluble, mais j'entrevois facilement les conséquences que cette situation devra entraîner : C'est pour la culture l'impossibilité d'assurer la bonne exploitation des terres et l'impossibilité de trouver des fermiers.

Cette conséquence se fait déjà sentir sur bien des points de la Sologne. Les journaux de la contrée sont remplis d'annonces réclamant des fermiers ; jamais il n'y a eu autant de fermes à louer, si bien qu'on peut se demander si nous n'allons pas revoir la Sologne dans l'état où elle était il y a cent ans, en friche et abandonnée de ses habitants.

Déjà aussi les exploitations de nos bois se font plus difficilement et nombreux sont les propriétaires qui, n'ayant pas trouvé d'ouvriers, ont remis leur exploitation à l'année prochaine.

On comprend donc difficilement la raison qui pousse certains Solognots à couper à blanc étoc tant de pineraies en ce moment et à rendre tant de terres boisées à la culture quand déjà beaucoup de fermes sont vacantes. C'est certainement une erreur dont on se repentira à brève échéance ; aussi le Comité vous engage à reboiser au moins autant de terres que vous en défrichez. Ce serait folie de renoncer à l'utilisation la plus profitable de vos terres pour étendre des cultures qui depuis quatre ans n'ont donné que des déceptions et que vous ne pourrez d'ailleurs pas continuer faute de bras.

Après la question de la main-d'œuvre, celle qui se présente comme la plus intéressante en ce moment-ci pour la Sologne est celle de l'impôt. Or beaucoup de vous, mes chers Collègues, semblent l'ignorer ou s'en désintéresser, et s'endorment dans une tranquillité d'où il leur faudra malheureusement bientôt sortir.

J'ai tenu aujourd'hui à vous mettre la véritable situation sous les yeux ; vous verrez où nous en sommes et où nous allons ;

v.ous reconnaîtrez, en tous cas, combien le Comité central avait raison quand il vous disait de ne pas vous désintéresser du travail de cette nouvelle évaluation de la propriété qui *servira de base* aux impôts frappant l'agriculture.

Le Comité central en soutenant, dans cette circonstance, l'intérêt de l'ensemble des propriétaires du pays, en prenant l'initiative des réclamations, en organisant un mouvement général de protestation contre les évaluations fantaisistes de l'administration, a rendu un service inappréciable à la Sologne.

Je pense vous en rendre un autre aujourd'hui, en vous signalant les mesures qui sont prises ou seront bientôt prises contre vous, et qui modifieront profondément la propriété en Sologne.

La loi du 29 mars 1914 a opéré la réforme de l'impôt foncier sur les propriétés non bâties à compter du 1" janvier 1915.

Cette réforme opère une amélioration considérable dans le mécanisme de l'impôt foncier et réalise un dégrèvement important de la terre, puisqu'il atteint la somme de 50 millions *pour l'État*. Au lieu de 115 millions que rapporte actuellement à l'Etat l'impôt foncier des propriétés non bâties, à partir de l'année prochaine 65 millions seulement entreront dans les caisses du Trésor. Ce dégrèvement est compensé par un accroissement considérable d'impôts sur les valeurs mobilières.

Incontestablement, il y a là un progrès au point de vue agricole dont il faut se féliciter. Mais il ne faut pas que les propriétaires fondent des espérances chimériques sur la nouvelle législation. Si *tous* les propriétaires fonciers doivent se réjouir des réformes apportées dans le *mécanisme* de l'impôt, tous ne sont pas appelés à profiter définitivement du *dégrèvement*. Ce dégrèvement n'est pas pour les *gros* ou *moyens* propriétaires. Pour le moment il y a, pour eux, dégrèvement; mais ce dégrèvement est sur le point d'être suivi de l'établissement de nouveaux impôts destinés à les frapper *plus lourdement*.

Je voudrais en quelques mots vous dire ce qui a été

fait, quels avantages les propriétaires fonciers de notre région, en particulier du Loiret, vont retirer de la loi nouvelle, et aussi, sans jouer au prophète, vous dire ce que les gros ou moyens propriétaires doivent espérer ou redouter pour un avenir plus ou moins prochain.

I.

La réforme de l'impôt foncier sur la propriété non bâtie
La loi du 29 mars 1914 (1)

Je n'ai pas à vous rappeler les justes critiques auxquelles donnait lieu la législation ancienne appliquée encore dans cette année 1914, les inégalités qui en résultent pour les propriétaires fonciers des différentes parties du territoire, les réformes empiriques (sous forme surtout de dégrèvements) qui ont été opérées au cours du XIXe siècle. Tout cela, vous le savez aussi bien que moi. Qu'il me suffise de vous dire ce qui a été fait.

Après des vicissitudes dont le récit détaillé ne serait pas ici à sa place, le Parlement a réalisé la réforme qui, depuis de longues années, était réclamée de tous les côtés. Cette réforme peut être résumée dans les six points suivants :

I. — La contribution foncière des propriétés non bâties, l'impôt sur les terres, cesse d'être un impôt de répartition ; c'est désormais un *impôt de quotité.* En d'autres termes, au lieu que le Parlement fixe, chaque année, la somme globale à retirer de l'impôt, somme ensuite répartie par un procédé compliqué entre les départements, les arrondissements, les communes et enfin entre les contribuables, la loi fixe le taux applicable au revenu des propriétés non bâties. Ce taux est, *en principal,*

---

(1) Voir sur tout ceci l'excellente étudé de mon ami Gaston Jèze, professeur à la Faculté de droit de Paris, qui a traité la question avec son talent habituel. (*Revue de Science et de législation financières,* juin 1914.)

de 4 °/₀ du revenu imposable des propriétés. Le taux de 4 °/₀ est le *taux réel* et non pas apparent, *en ce qui concerne la part de l'Etat*. Je veux dire que désormais, à partir de 1915, il n'y aura plus de centimes additionnels *généraux perçus au profit de l'Etat*. Il n'y aura de centimes additionnels que ceux pour non-valeurs, pour frais de perception, et les centimes départementaux et communaux.

II. — Le revenu qui est pris en considération pour le calcul de l'impôt n'est pas le revenu porté au cadastre. C'est le revenu tel qu'il résulte des évaluations qui ont été faites par l'administration en vertu de la loi du 31 décembre 1907 (art. 3). Ces évaluations ne sont d'ailleurs pas définitives. *Elles peuvent être contestées.* J'insiste sur ce point : Il y a des contestations *individuelles* et des contestations *collectives*.

1° *Contestations individuelles.* — *Tout propriétaire* pourra contester les évaluations : la première année — c'est-à-dire en 1915 — dans le délai de 6 mois à partir de la publication du rôle.

La *deuxième année*, c'est-à-dire en 1916, dans le délai de 3 mois à partir de la publication du rôle.

De plus, si, ultérieurement, *par suite d'événements imprévus*, indépendants de la volonté des intéressés, et affectant le fonds même du terrain, une propriété venait à subir une dépréciation *notable* et *durable*, le propriétaire sera admis à demander un changement du classement de sa propriété. Il devra former sa réclamation dans les 6 mois de la publication du rôle de *l'année suivant celle au cours de laquelle se sont produits les événements y donnant lieu.*

La réclamation sera portée devant les Conseils de préfecture selon les règles ordinaires.

2° *Contestations collectives.* — La loi prévoit deux autres genres de réclamations, celles-ci collectives :

a) *Jusqu'au 30 juin 1917*, le maire d'une commune, autorisé par le conseil municipal, pourra demander au préfet la révision de l'évaluation actuellement faite. Le Ministre des

Finances, après avis favorable d'une commission départementale d'évaluation et d'une commission centrale d'évaluation, pourra prescrire l'exécution de cette révision.

b) Le pouvoir de réclamer la *révision des tarifs afférents à une nature de culture ou de propriété* est accordé, *jusqu'au 30 juin 1917*, aux *propriétaires intéressés*, à la condition que le ou les signataires de la pétition possèdent plus de la moitié de la superficie des terrains auxquels s'appliquent les tarifs contestés.

Ce sont là des moyens et des délais dont il faudra tenir le plus grand compte.

III. — Le revenu sur lequel l'impôt de 4 % est calculé n'est pas l'intégralité du revenu, *ce sont seulement les 4/5 de la valeur locative*, telle qu'elle a été fixée par les évaluations administratives. Il y a donc déduction d'un forfait de 1/5, représentant les dépenses et charges qui incombent au propriétaire foncier. Les 4/5 de la valeur locative sont présumés représenter le *revenu net imposable*.

IV. — Le revenu des propriétés non bâties n'est plus immuable comme il l'était jusqu'ici : le vieux principe de l'immutabilité des évaluations cadastrales est supprimé ; il est remplacé par le principe de la révision périodique des évaluations : *à compter de l'année 1920*, les évaluations devront, dans chaque commune, être révisées *tous les vingt ans*. A cet effet, les communes de chaque département seront réparties en 20 séries, et, chaque année, les évaluations seront révisées dans les communes de l'une de ces vingt séries prises à tour de rôle.

Si, avant l'expiration de la période de 20 ans, il se produit, dans une commune, *par suite de circonstances exceptionnelles*, une dépréciation *importante* et *générale* des propriétés, soit de la totalité, soit d'une partie *notable* de la commune, le maire, dûment autorisé par le conseil municipal, pourra exiger une nouvelle évaluation. *A l'inverse* si, APRÈS UNE DIMINUTION DE VALEUR DES PROPRIÉTÉS, AYANT MOTIVÉ UNE PREMIÈRE RÉVISION, il se produit un accroissement *notable* de la valeur des propriétés, le Ministre des Finances pourra faire procéder à une nouvelle révision des évaluations.

Ces révisions exceptionnelles ne vaudront que pour la fin de la période décennale en cours.

V. — La loi de 1914 maintient, au profit des *petits* propriétaires fonciers, le principe des dégrèvements qui leur avaient été accordés par la loi de 1897. Toutefois, la loi nouvelle apporte des modifications importantes. Le Parlement a voulu reserver les dégrèvements aux petits propriétaires *cultivant eux-mêmes le sol qui leur appartient* et pour qui la terre constitue un instrument de travail. Ce sont donc seulement les petits propriétaires *exploitant pour leur propre compte* qui seront dégrevés et *uniquement pour les terres dont ils sont à la fois exploitants et propriétaires*. Par petits propriétaires, la loi entend les cultivateurs dont la cotisation foncière (propriétés non bâties) n'excède pas 16 francs et qui ne paient pas plus de 20 francs de contribution personnelle-mobilière (*part de l'Etat*). Le dégrèvement sera *total* pour les cotes de 8 francs et au-dessous, uniques ou totalisées ; une remise *uniforme* de *huit francs* sera accordée aux cotes de 8 fr. 01 à 16 francs, uniques ou totalisées. L'administration estime que, grâce à cette disposition, en moyenne, une exploitation dont l'étendue ne dépasse pas 6 hectares sera exemptée de tout impôt foncier, et que, pour une exploitation de 6 à 12 hectares, le petit propriétaire bénéficiera d'un dégrèvement allant de la totalité à la moitié de la contribution foncière.

VI. — La réforme de l'impôt foncier ne concerne pas seulement l'impôt d'Etat. En ce qui concerne les centimes additionnels, départementaux et communaux, la loi de 1914 introduit, en termes assez obscurs, un système nouveau. Il est en réalité assez simple, mais une description claire et précise exigerait des développements trop longs et trop compliqués pour que je me livre à un exposé détaillé dans cette causerie familière.

Qu'il me suffise de dire que la loi de 1914 a voulu supprimer les inégalités qui résulteraient de l'emploi de principaux fictifs invariables ; elle s'est efforcée de réaliser la péréquation des principaux fictifs entre les communes d'un même département sur la base fournie par le montant des revenus réels imposables. Ce n'est pas tout à fait la substitution pure et simple des principaux *réels* aux principaux *fictifs* ; mais c'est un premier pas dans cette voie.

D'une manière plus précise, et sans entrer dans les détails, la loi se sert, pour l'assiette des centimes départementaux et communaux, des *principaux fictifs* auxquels elle fait subir des *corrections*. Ces corrections consistent essentiellement à répartir les principaux fictifs au prorata des *principaux réels*, puis à les faire dépendre de ces principaux *réels* dont ils suivront ainsi, dans l'avenir, toutes les variations. Grâce à ces corrections, on obtiendra que toutes les communes du même département contribuent dans la même proportion aux charges départementales. En somme, on a voulu faire la *péréquation* entre toutes les communes pour les centimes départementaux, et entre tous les contribuables de la commune pour les centimes communaux.

II

Effets de la réforme pour notre région

Voilà ce qui a été fait. Voilà ce qui entrera en application à compter du 1ᵉʳ janvier 1915. Il nous faut maintenant voir dans quelle mesure notre région va en bénéficier.

Le Trésor public de l'État va perdre à cette réforme une recette annuelle de 50 millions *pour toute la France*. Mais il ne faut pas croire que *tous* les contribuables de toutes les communes de tous les départements vont profiter du dégrèvement. A l'heure actuelle, en vertu de l'ancienne législation, il y a des contribuables dont la terre paie *beaucoup plus* que les 4 °/₀ du revenu. Mais il y a d'autres contribuables dont la terre paie *beaucoup moins*. Il y a des contribuables pour lesquels le taux de l'impôt foncier atteint plus de *20* °/₀ du revenu, et d'autres pour lesquels il est seulement de *0.19* °/₀. Ces inégalités choquantes, incroyables, vont cesser. Pour *tous* les contribuables de toutes les communes de tous les départements de France, le taux de l'impôt (part de l'État) sera désormais le même, 4 °/₀. Il est donc impossible de dire que, dans toutes les communes de France, il y aura, pour tous les contribuables, un dégrèvement de l'impôt foncier ; il y a des contribuables qui bénéficieront d'un dégrèvement considérable ; il y en a d'autres, au contraire, qui subiront un *accroissement* considérable de l'impôt.

Quelle est, à cet égard, la situation de notre région, en particulier du Loiret, puisque nous sommes aujourd'hui réunis dans ce département, et que, par crainte de rendre mon allocution trop longue, je ne puis passer en revue l'ensemble de nos trois départements solognots ? Il est bien difficile de fournir des chiffres exacts. Il est certain que je ne puis donner ici que des moyennes et que ces moyennes sont, comme toutes les moyennes, imprécises. C'est seulement en 1915 que chaque contribuable du Loiret pourra, en comparant sa feuille d'impôt à celles des années précédentes, mesurer la différence en moins ou en plus qu'entraîne pour lui la législation nouvelle.

Quoi qu'il en soit, voici les moyennes telles que nous les donne l'administration générale des contributions directes.

L'administration estime que le Loiret va bénéficier d'un dégrèvement considérable.

A l'heure actuelle, le Loiret paie, à l'État, 1.368.000 francs environ de contribution foncière des propriétés non bâties. Le résultat de la nouvelle législation sera, d'après l'administration, de diminuer considérablement la charge des contribuables. L'administration évalue à 832.000 francs la somme à payer désormais *à l'État* dans le Loiret, soit une diminution de 536.000 francs, soit 39.17 °/₀ de dégrèvement (1).

Pour les prés, la diminution d'impôts (part de l'État) serait de 52.64 °/₀; pour les *bois*, de 61.99 °/₀.

Si maintenant nous considérons non plus l'impôt *part de l'Etat*, mais l'impôt *total* (État, département, commune), l'administration nous donne les indications suivantes : dans le

---

(1) Résultats comparatifs des évaluations par commune, *ayant pour base les contingents actuels*, dans les communes de Sologne du Loiret.

(Pourcentage des augmentations précédé du signe +, celui des diminutions du signe —).

(1° Part de l'Etat ; 2° total de l'impôt).

	Principal	Total
Sully-sur-Loire	— 26 °/₀	— 12 °/₀
Cerdon	— 12	— 5
Isdes	+ **37**	+ **16**
Lion-en-Sullias	— 27	— 12
Saint-Aignan-le-Jaillard	— 43	— 19
Saint-Florent-le-Jeune	— 26	— 11
Viglain	+ **44**	+ **17**
Villemurlin	— 6	— 3
Jouy-le-Potier	— 44	— 19
Mézières	— 79	— 30
La Ferté-Saint-Aubin	— 41	— 17
Ardon	— 60	— 25
Ligny-le-Ribault	— 39	— 15
Marcilly-en-Villette	— 29	— 11
Ménestreau-en-Villette	— 32	— 12
Sennely	— 38	— 16
Vannes	— 42	— 14
Neuvy-en-Sullias	— 32	— 15
Vienne-en-Val	— 36	— 15

Les communes d'Isdes et de Viglain seront amenées à présenter une réclamation collective et d'ensemble : elles ont été manifestement surévaluées.

De même Cerdon et Villemurlin.

Des causes particulières ont influencé les résultats de certaines communes ; notamment à Marcilly qui n'a que — 29 °/₀ et où plus de 2,000 hectares en bruyères lors de la confection du cadastre sont devenues des terres à blé se louant de 35 à 60 francs.

L'énorme diminution de Mézières, — 79 °/₀, provient en grande partie de la réduction à un taux raisonnable des vignes de qualité fort médiocre, naguère surévaluées.

Il faut remarquer que les chiffres de la première colonne sont acquis ; il n'en est pas de même pour ceux de la deuxième colonne qui ne resteraient exacts qu'au cas où la *répartition actuelle* des centimes départementaux resterait elle-même *sans modification.*

(Ces utiles renseignements m'ont été donnés par notre collègue M. Rousse que je tiens à remercier pour sa grande obligeance).

Loiret, l'ensemble des propriétés paie actuellement 14.06 °/₀
du revenu. Désormais, le taux moyen de l'impôt total serait
de 10 82 °/₀.

D'une manière plus détaillée, les taux pour cent seraient les
suivants :

Terres labourables {	actuellement	12.79 °/₀
	nouveau système.	11.05
Prés {	actuellement	21.48
	nouveau système.	10.18
Vignes {	actuellement	19.43
	nouveau système.	10.38
Bois {	actuellement	27.55
	nouveau système.	10.47
Landes {	actuellement	48.73
	nouveau système.	10.29

Et *à l'hectare*, la comparaison, telle que la donne l'administration, serait la suivante :

*Impôt total moyen par hectare dans le système actuel et
dans le nouveau système :*

Ensemble des propriétés {	ancien système..	5 f.	83
	nouveau système.	4	48
Terres labourables {	ancien système..	5	97
	nouveau systéme.	5	15
Prés {	ancien système..	10	79
	nouveau système.	5	11
Vignes {	ancien système..	13	89
	nouveau système.	7	42
Bois {	ancien système..	3	76
	nouveau système.	1	43
Landes {	ancien système..	2	47
	nouveau système	0	52

Voilà de bonnes nouvelles, et je souhaite que les événements
les confirment.

Quelques chiffres vous permettront d'apprécier les travaux
de l'administration.

La nouvelle évaluation donne, dans le Loiret, pour la valeur locative à l'hectare, les chiffres suivants :

Terres labourables.	Prés.	Bois.	Vignes.	Landes.
47 francs.	50 fr.	16 fr.	71 fr.	5 fr.

Pour les *chasses gardées*, l'évaluation faite de 1907 à 1913 indique, pour le Loiret, 1,003 chasses gardées d'une surface moyenne de 213 hectares. Le nombre des chasses louées est de 427, celui des chasses non louées de 576. La contenance des chasses louées est de 66,673 hectares, celle des chasses non louées de 146,638 hectares, soit ensemble 213,312 hectares. La valeur locative de ces chasses a été évaluée par l'administration de la manière suivante :

Chasses louées................	249.000 francs.
Chasses non louées..........	360.000 —
Ensemble................	600.000 francs.

Soit une valeur locative moyenne, par chasse gardée, de 598 francs, et à l'hectare de 2 fr. 81.

Je n'insiste pas davantage sur ces moyennes. Encore une fois, c'est seulement l'année prochaine que chacun de nous pourra savoir exactement dans quelle mesure il est dégrevé.

Il est manifeste que, dans un département comme le Loiret, composé de terres de valeur très inégale, puisqu'il correspond à la fois à une partie riche (la Beauce) et une partie pauvre (la Sologne), les moyennes générales sont tout à fait inexactes. Il suffira, pour le montrer, de détacher des statistiques de l'Administration, le *maximum* et le *minimum* de la VALEUR LOCATIVE MOYENNE A L'HECTARE, des communes du Loiret où ces valeurs extrêmes ont été constatées.

Terres labourables	Maximum	Orléans	147 f.	»
	Minimum	Vannes	13	»
Prés	Maximum	Orléans	195 f.	»
	Minimum	Malesherbes	5	»
Vergers	Maximum	Orléans	195 f.	»
	Minimum	Beaune	40	»

Vignes	Maximum	Orléans	166 f.	»
	Minimum	Coullons	15	»
Bois	Maximum	Baule	129 f.	»
	Minimum	Nangeville	5	»
Landes	Maximum	Baule	30 f.	»
	Minimum	Saint-Loup	1	»
Carrières	Maximum	Courtemaux	75 f.	»
	Minimum	Briare	2	»
Lacs	Maximum	Boësses	120 f.	»
	Minimum	Cléry	3	»
Jardins	Maximum	Montargis	1.113 f.	»
	Minimum	Vannes	28	»
Chantiers	Maximum	Montargis	2.315 f.	»
	Minimum	Baule	20	»
Terrains d'agrément	Maximum	Montargis	2.400 f.	»
	Minimum	Bucy-St-Liphard	30	»
Chemins de fer	Maximum	Orléans	194 f.	»
	Minimum	Mormant	25	»

A titre de document, voici un tableau présentant par commune *pour l'arrondissement de Romorantin*, la comparaison du montant de l'impôt foncier (part de l'Etat) dans le système actuel et dans le système projeté ; il m'a été communiqué par M. Pichery, député, auquel j'adresse tous mes remerciements.

Je n'ai pu malheureusement me procurer de renseignements concernant le département du Cher.

COMMUNES.	MONTANT DE L'IMPOT FONCIER en part de l'Etat		DIFFÉRENCE	TAUX de la différence par rapport au montant dans le système actuel.
	dans le système actuel.	dans le système projeté.		
La Motte-Beuvron	814	1.155	341	42
Chaon	3.131	1.218	1.913	61
Chaumont-sur-Tharonne	4.826	3.147	1.679	35
Nouan-le-Fuzelier	6.192	4.592	1.600	26
Souvigny	3.814	1.950	1.864	49
Vouzon	4.934	3.381	1.553	31
Yvoy-le-Marron	3.184	2.102	1.082	34
Mennetou-sur-Cher	2.549	1.233	1.316	52
La Chapelle-Montmartin	1.643	811	832	51
Châtres	3.282	1.536	1.746	53
Langon	4.220	2.403	1.817	43
Maray	4.750	2.832	1.918	40
Saint-Julien-sur-Cher	1.725	1.366	359	22
Saint-Loup	1.941	1.260	681	35
Villefranche	3.706	1.739	1.967	53
Neung-sur-Beuvron	7.482	2.701	4.781	64
Dhuizon	3.968	2.293	1.675	42
La Ferté-Beauharnais	354	163	191	54
La Ferté-Saint-Cyr	7.008	3.838	3.170	45
La Marolle	1.776	1.274	502	28
Montrieux	3.083	2.285	798	26
Thoury	1.203	676	527	44
Villeny	2.366	1.367	999	42
Romorantin	2.110	1.648	462	22
Courmenin	2.495	1.307	1.188	48
Lanthenay	6.850	3.279	3.571	52
Loreux	3.044	1.740	1.304	43
Millançay	6.133	4.415	1.718	28
Pruniers	3.898	2.925	973	25
Veilleins	3.358	1.957	1.401	42
Vernou	6.427	3.007	3.420	53
Villeherviers	4.351	2.018	2.333	54
Salbris	6.911	3.618	3.293	48
La Ferté-Imbault	4.974	2.596	2.378	48
Marcilly-en-Gault	6.092	2.690	3.402	56
Orçay	1.354	675	679	50
Pierrefitte	5.400	3.692	1.708	32
Saint-Viâtre	10.668	5.629	5.039	47
Selles-Saint-Denis	5.728	2.311	3.417	60
Souesmes	6.015	2.448	3.562	59
Theillay	7.082	3.521	3.561	50
Selles-sur-Cher	10.865	2.827	8.038	74
Billy	2.648	1.492	1.156	44
Gièvres	3.710	1.937	1.773	48
Gy	3.181	1.705	1.476	46
Lassay	1.617	838	779	48
Mur-de-Sologne	4.602	2.793	1.809	39
Rougeou	561	392	169	30
Soings	3.294	1.868	1.426	43
Totaux de l'arrondissement.	201.316	108.650	92.666	46

III.

L'avenir : l'impôt sur les bénéfices agricoles.

La loi du 29 mars 1914 opère, comme vous venez de le voir, le dégrèvement de la terre. Mais il faut bien vous dire que ce dégrèvement n'est pas pur et simple pour *tous* les propriétaires fonciers. Les moyens et surtout les gros propriétaires doivent s'attendre à une compensation. Je veux dire que l'intention du gouvernement et du Parlement n'est pas du tout de les exonérer. Il y a deux séries de mesures qui les visent, actuellement à l'étude et qui ont des chances d'être adoptées, sous une forme ou sous une autre, dans un avenir très prochain ; probablement même pour l'année de 1915.

Tout d'abord, vous vous le rappelez, la Chambre des députés a voté en 1909 un projet de loi établissant un impôt général sur les revenus, dans lequel les bénéfices agricoles, qui jusqu'ici ne sont pas soumis à l'impôt, devront désormais payer au Trésor un impôt de 3 °/₀.

Il y aurait beaucoup à dire sur l'imposition des bénéfices agricoles. Vous savez que le Sénat semble tout à fait hostile à cet impôt et peut-être sa résistance sera-t-elle victorieuse. Mais il ne faut pas trop s'y lier. La France a besoin de sommes formidables. Il n'y aurait donc pas lieu de s'étonner si, sous la pression des besoins, un Ministre des Finances, possédant dans la Chambre une majorité décidée, parvenait à vaincre les résistances de la Haute Assemblée.

Je ne sais pas sous quelle forme cet impôt, s'il est définitivement voté, sera organisé. Je vous rappelle simplement la formule adoptée par la Chambre et qui est de nature à intéresser les propriétaires fonciers de notre région.

« Pour l'assiette de l'impôt sur le revenu de l'exploitation agricole, le revenu de l'exploitation agricole d'une propriété est considéré comme égal : à la moitié de la valeur locative réelle de ladite propriété, pour la fraction de cette valeur locative n'excédant pas 5,000 francs ; aux 2/3 de cette valeur locative pour la fraction excédant 5,000 francs.

Sur le montant du revenu ainsi calculé, et lorsque la valeur locative réelle de l'exploitation n'excède pas 12,000 francs, chaque contribuable n'est taxé que sur la fraction supérieure à 1.250 francs. Il a droit à une déduction de 2/3 sur la fraction comprise entre 1,251 et 2,000 francs ; et de 1/3 sur la fraction comprise entre 2,001 et 3,000 francs. Toutefois, les assujettis qui en feront la demande seront taxés d'après le *bénéfice effectif* de leur exploitation calculé sur une moyenne de trois années. »

« Les parcs, jardins, avenues, pièces d'eau et tous les terrains enlevés à la culture pour le pur agrément ou *spécialement aménagés en vue de la chasse sont assujettis* à l'impôt de 3 °/₀ à raison d'un revenu déterminé suivant le mode indiqué en ce qui concerne les exploitations agricoles. L'impôt est calculé sur la *totalité* de ce revenu, *sans déduction ni atténuation d'aucune sorte.* Sont exemptées de la taxe les personnes ayant la jouissance de terrains d'agrément dont la superficie n'excède pas un hectare et dont le revenu imposable n'est pas supérieur à 100 francs. »

IV.

L'avenir : l'impôt complémentaire.

Je crois, mais je n'en suis pas sûr, que l'impôt sur les bénéfices agricoles a d'assez grandes chances de ne pas être accepté de si tôt. Mais il est un autre impôt plus menaçant et plus proche : c'est l'impôt complémentaire sur l'ensemble du revenu.

Le 20 mars 1914, le ministre des Finances, M. René Renoult, en le proposant à la Chambre des députés, l'a accompagné d'un exposé des motifs très significatif. Voici ce que nous lisons dans cet exposé des motifs : « Le gouvernement, ainsi qu'il l'a plusieurs fois déclaré, demeure convaincu que *le dégrèvement foncier, dont la réalisation est imminente, ne peut constituer une réforme entièrement satisfaisante au point de vue de la justice fiscale s'il n'a pour complément un impôt pro-*

gressif sur l'ensemble du revenu. La superposition d'un impôt de cette nature aux taxes existantes offre d'ailleurs un moyen de demander aux contribuables aisés un appréciable supplément de recettes et de les appeler ainsi à prendre leur part légitime des nouvelles charges budgétaires. »

Le gouvernement ne s'en est pas tenu au dépôt d'un projet. Il a demandé à la Chambre des députés l'incorporation de cet impôt dans la loi de finances de 1914. Et la majorité a accueilli cette proposition. En sorte que le projet de loi de finances soumis actuellement au Sénat contient un impôt destiné principalement à frapper les moyens et gros propriétaires fonciers que la loi du 29 mars 1914 a dégrevés.

Il serait téméraire de dire exactement ce que fera le Sénat. Ce qui est très probable, c'est que, sous une forme ou une autre, *avant le 1er janvier 1915,* le Sénat établira un impôt frappant *les moyens et les gros propriétaires fonciers.* Il y a certainement, dans le Parlement, une majorité pour ne maintenir le bénéfice du dégrèvement de la terre qu'au profit des petits propriétaires. On l'a dit et répété. La loi du 29 mars 1914 n'a été votée par beaucoup qu'avec une réserve : c'est que, avant le 1er janvier 1915, de nouveaux impôts seraient établis, destinés à frapper les moyens et gros propriétaires.

Voilà, Messieurs, la vérité ; voilà où nous en sommes et la situation est très grave. Il est certain que si, à la redoutable crise de la main-d'œuvre agricole qui sévit actuellement et qui ne fera que croître, vient s'ajouter une augmentation considérable d'impôts, vous ne pourrez pas continuer vos procédés actuels d'exploitation ; vous serez amenés à changer toute votre organisation agricole ; et par cela même bien des propriétaires devront modifier le mode même de leur existence.

La question est particulièrement grave parce qu'elle touche à la prospérité de la région tout entière.

Faute de bras, déjà bon nombre de fermes ne se louent plus, bien des travaux agricoles, bien des exploitations forestières ne se font plus ; d'un autre côté, le fruit des longs labeurs de nos parents et des énormes capitaux dépensés par eux, je veux parler de nos richesses forestières, s'épuise et disparaît.

Si donc à toutes ces causes de pertes viennent s'ajouter des charges fiscales nouvelles, les propriétaires de Sologne ne seront-ils pas amenés à abandonner un pays qui leur occasionne tant de dépenses et rapporte si peu; ou tout au moins ne seront-ils pas conduits à renoncer à un mode d'exploitation devenu de plus en plus ruineux pour eux?

En arrivera-t-on à l'abandon des terres médiocres (hélas! si nombreuses chez nous) pour ne cultiver que les seules bonnes parties de nos domaines? ou à un mode d'exploitation plus simple, moins coûteux, *demandant moins de main-d'œuvre*, mais qui entraînera une diminution profonde de la prospérité générale de la Sologne?

Mon père vous disait jadis qu'un jour ou l'autre la Sologne deviendrait un pays d'élevage; j'ajouterai : un pays d'élevage, oui, mais particulièrement difficile par suite de la composition particulière de notre sol et par suite de notre climat.

Mais enfin, il faudra bien se résigner à changer nos habitudes et notre mode d'exploitation si la nécessité nous y oblige.

Certes les propriétaires seront fort éprouvés par ces modifications à effectuer et par les nouveaux capitaux à apporter, mais ceux qui le seront encore bien plus, ce seront les habitants de tous ces villages qui vivent de la grande propriété et *ne peuvent vivre que d'elle.*

Un dépeuplement encore plus rapide de la Sologne est donc à craindre et avec lui un fort recul de la prospérité du pays vers un triste passé que beaucoup de vous ont encore dans la mémoire.

De lourdes charges fiscales pour la Sologne entraîneraient certainement la ruine de ce pays.

Votre Commission de législation et de contentieux se met en mesure de vous venir en aide lors de l'application des nouvelles lois fiscales : vous savez quel intérêt j'attache à ses travaux et je pense vous avoir convaincus de leur importance.

J'espère, en octobre prochain, vous annoncer que cette Commission a pu s'organiser de façon à répondre aux besoins du

Comité, et j'adresse d'avance au dévoué président, M. Basseville, et à ses collaborateurs, tous nos remerciements pour ce qu'ils ont déjà fait et pour ce qu'ils feront encore.

Leur tâche est lourde et difficile, nous nous en rendons parfaitement compte ; aussi, le bureau du Comité central s'efforcera-t-il de faciliter leur travail et leur fournira les ressources matérielles qui seront nécessaires.

C'est ainsi qu'en 1915, vous posséderez, j'espère, un « Conseil » aussi désintéressé qu'éclairé, pour vous guider dans les réclamations que vous aurez certainement à présenter à l'Administration, réclamations que, livrés à vos seules forces, vous auriez grande peine à faire triompher.

La création de ce rouage nouveau ne sera pas le moindre des services que le Comité central aura rendus à ses membres. Il sera un intermédiaire de bonne foi, le défenseur de vos *revendications justes* vis-à-vis de l'Administration *mieux renseignée.*

En attendant, M. Basseville nous donnera tout à l'heure lecture de l'introduction de son étude sur *les usages locaux* en Sologne et vous demandera de lui communiquer tous les renseignements que vous pourrez posséder se rapportant aux usages de la contrée.

Cette codification des usages locaux sera appelée à faire loi dans bien des cas spéciaux et sera d'une grande utilité pour vous tous et aussi pour les magistrats qui ont beaucoup de peine à trancher certains différends. Aux membres déjà désignés pour faire partie de la Commission de législation et de contentieux, je vous propose d'adjoindre les notaires, membres du Comité, qui ont dans la question une compétence spéciale, et je demande à tous de répondre aux convocations de leur président pour donner au travail qui va se faire toute l'ampleur désirable.

Les projets de la ville de Paris en vue du captage de nos eaux restent toujours menaçants ; les représentants des départements que baignent la Loire et ses affluents ne constituent pas la majorité à la Chambre ; bien loin de là. Il est donc nécessaire de surveiller avec la plus grande vigilance les agissements de la ville de Paris.

La mort, cette année, a continué à éclaircir nos rangs. M. le Secrétaire général, **M. Leddet** et **M.** de la Giraudière vous parleront tout à l'heure de ceux des collègues, trop nombreux, qui nous ont quittés et auxquels je tiens à envoyer un dernier souvenir au nom du Comité central : Duvergier de Hauranne, si dévoué à tout ce qui concerne l'agriculture, l'excellent forestier C. David, le marquis de Sauvebœuf, le vétérinaire Jules Durand et enfin le savant A. Maës !

Nous avons aussi à regretter la mort d'un de nos membres d'honneur, M. Revoil, ambassadeur, décédé ces jours-ci près d'Arles, après une longue et cruelle maladie.

Je perds en lui un ami très cher, le Comité central, un de ses membres les plus dévoués, et le pays, un éminent serviteur. Tous ceux qui ont connu Paul Revoil conserveront un impérissable souvenir de sa vive intelligence, de son esprit si fin et de son charme extrême (1).

Mes chers Collègues, mon allocution est déjà trop longue, je finis donc, en souhaitant pouvoir vous apporter en octobre de meilleures nouvelles sur l'ensemble de nos affaires ; mais je tiens à vous redire encore que jamais la situation ne m'a semblé plus sombre et à vous conseiller de vous serrer étroitement les uns contre les autres, pour unir vos efforts et conjurer l'orage.

Je ne cesse depuis plusieurs années de vous tenir le même langage, voyant l'horizon s'obscurcir de plus en plus, mais je n'ai pas réussi à convaincre suffisamment les propriétaires solognots de la nécessité d'une étroite union pour la défense de leurs intérêts.

---

(1) Les décès de MM. Paul Revoil et Albert Maës sont trop récents pour qu'un de nos collègues ait pu leur consacrer une notice, le juste hommage qui leur est dû, leur sera rendu à notre assemblée générale d'octobre prochain.

Assurément, depuis que vous m'avez fait l'honneur de m'appeler à la présidence du Comité central, nous avons fait de bonnes choses : actuellement notre Association est reconnue d'utilité publique, elle est subventionnée par l'État et les départements, elle vit en parfait accord avec l'Administration et est en pleine prospérité; mais il y a encore bien des choses à faire, bien des luttes à soutenir, et pour cela il me semble qu'il est indispensable que le Comité comprenne l'à peu près *universalité des propriétaires du pays.*

Un président plus jeune arriverait mieux que moi sans doute au résultat désiré et non encore réalisé.

Les hommes comme les choses s'usent à la longue, les présidents aussi. Il n'est pas bon d'ailleurs que les mêmes personnes s'éternisent dans les mêmes situations, et c'est une thèse que j'ai toujours soutenue.

Je vous conseille donc, très sincèrement et très fermement, de me chercher un successeur, non pas plus dévoué que moi au Comité, certes, mais plus actif. A chacun son tour, place aux jeunes !

L'assemblée tout entière proteste contre les dernières paroles de son Président et lui témoigne sa profonde reconnaissance par de très vifs applaudissements.

ORLÉANS. — IMP. AUGUSTE GOUT ET Cie